CONTENTS

INTRODUCCIÓN AL MANIFIESTO EN 4 PLATAFORMAS DE COMPLEJIDAD

Este Manifiesto –presentado en plataformas 1, 2, 3 y 4 - es una alternativa tanto a la derecha como a la izquierda, tanto al capitalismo como al socialismo y a la ONU y sus instituciones en los 14 subsistemas/sectores sociales, porque ya no responden a la problemática posmoderna, planetaria y ambiental. Tiene base científica que viene de la Física Quántica -la triadicidad o trialéctica- de la teoría de sistemas y del cerebro tri-uno de las neurociencias que conforman la Cibernética Social **Proporcionalista** o la Ciencia Social General, un paso adelante, más que urgente en las Ciencias Sociales y Humanas. Presenta el Proporcionalismo con un piso mínimo para la dignidad humana y un techo máximo para limitar el uso y la acumulación abusiva de recursos del ecosistema. En la Plataforma 4 presenta la UPLAT – Unión Planetaria Tri-una– en lugar de la ONU, para control de la anarquía general creciente.

Un Manifiesto es la proclamación e invitación a una utopía de superación de los males presentes, creando algo mejor. Lo opuesto se dice "distopía": infierno, algo intolerable, que no vale la pena ser vivido, como es la situación actual del planeta, en que la plaga mayor no es la Covid-19, sino la continuación de la crisis del 2008, el terrible endeudamiento de los gobiernos con los bancos, el deterioro del clima y del ambiente y el sufrimiento de la mayoría de la especie humana, así como de las demás especies. Es una distopía causada por unas élites -subgrupos oficiales anacrónicos- que gobiernan como el *big brother*, descrito por George Orwell en su libro *1984*. El capitalismo neoliberal comandado por el imperio judeo-anglo-estadounidense agotó la modernidad; hay que avanzar hacia la posmodernidad post-capitalista, post-socialista, post-sacral.

Este Manifiesto es la invitación a una "utopía tri"basada en el molde tri-uno de la matergía (materia+energía), del cerebro tri-uno y de los grupos tri-unos, integrando ciencias exactas, sociales y humanas. El cerebro tiene un bloque

central dedicado a la lucha por la procreación y la supervivencia y erige un subgrupo de mando, el oficial; el cerebro tiene un hemisferio/bloque izquierdo dedicado a conocer y erige un subgrupo crítico, el antioficial; el cerebro tiene un hemisferio/bloque derecho dedicado a la emoción y erige un subgrupo comodín, el oscilante.

Un manifiesto supone el derecho de los tres cerebros y sus tres subgrupos a **aspirar a lo mejor**:

aspiración a lo máximo de conocimiento e información verdadera (cerebro izquierdo+IAG 'Inteligencia Artificial General' y subgrupo antioficial); a lo máximo de paz y felicidad (cerebro derecho +justicia social triádica y subgrupo oscilante); y a lo máximo de bienestar físico-económico (cerebro central+dinero para todos y sin pandemias y subgrupos tiránicos), todo balanceado con PROPORCIONALISMO en números, que se ilustra en este gráfico:

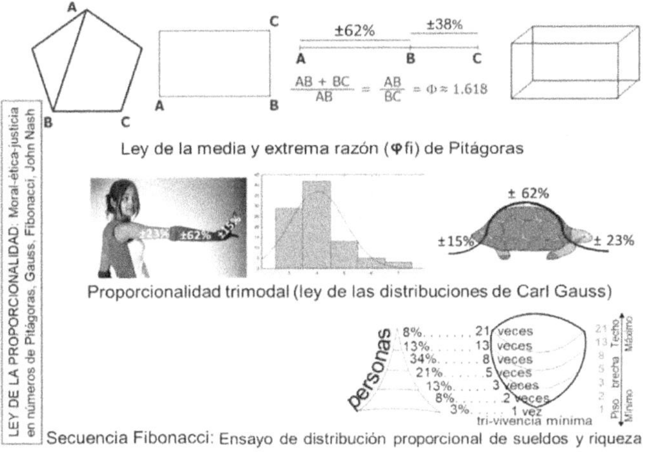

Ley de la media y extrema razón (Φfi) de Pitágoras

Proporcionalidad trimodal (ley de las distribuciones de Carl Gauss)

Secuencia Fibonacci: Ensayo de distribución proporcional de sueldos y riqueza

Después de los artistas, el matemático Pitágoras (582-497 a.C.) fue quien descubrió que todo está construido por módulos de aproximadamente 62 por 38%, una escala que se repite en cualquier dimensión, como ilustrado en la parte alta del gráfico, a la cual designó como media y extrema razón y atribuyó una letra: el φ (Fi) como símbolo de esa proporcionalidad. El fraile y matemático Fibonacci (1170-1250) observó cómo se daba la ramificación de vegetales y la multiplicación de conejos, abejas, etc., todo como repetición del ɸ (Fi) en diferentes escalas; y estableció la sucesión o serie Fibonacci, ilustrada en la base del gráfico. Otro fraile y matemático, Luca Pacioli (1455-1517), encantado con el ɸ (Fi) que representa orden, equilibrio y belleza, lo llamó La Divina Proporción en libro ilustrado por Leonardo da Vinci. Por fin, el matemático Carl Gauss (1777-1855) refinó eso con la ley de las distribuciones, como ilustrado en el medio del gráfico. Esos matemáticos son tomados como el fundamento científico-matemático para la justicia, el orden, la belleza, las relaciones sociales y aterrizaje del elusivo discurso moral-ético, de aquí en adelante llamado PROPORCIONALISMO o ética numérica; o "matemática de la felicidad" como le dicen los poetas.

¿CÓMO ENTENDER LA PORTADA DEL MANIFIESTO?

El cerebro tri-uno ocupa el centro por ser el núcleo de toda creación factual/virtual humana. Es el resumen del universo. El colorido representa los tres colores básicos. La trenza en diagonal sobre el cerebro representa la evolución tri-una proporcional (la de Charles Darwin es monádica, de un solo lado de la trenza, para justificar las bestialidades del más fuerte). Los números de la sucesión Fibonacci sobre la trenza representan niveles de ganancias y vivencia proporcionales entre 1 (uno) y 21 (veinte uno) como límite o techo máximo de acumulación por los tres cerebros. Las líneas sobre el cerebro definen *por lo menos* cuatro -máximo veintiuno- niveles de estructura, desarrollo y vivencia tricerebral: minivivencia, mediovivencia, granvivencia y maxivivencia. Diferencias sí, pero proporcionales, con piso mínimo de renta básica o minivivencia y techo máximo de maxivivencia como veintiuna veces el piso mínimo.

"Igualdad" era la utopía del socialismo y sigue siendo la utopía de los ingenuos que no logran ver que el dinamismo tri-uno de la matergía impone el juego triádico que resulta en jerarquías entre los competidores: los más aptos/oficiales, los rivales/antioficiales y los oscilantes que se asocian a uno y otro (el sesgado Darwin, por no tener visión tri-una, solo contemplaba los más aptos/oficiales). Lo mejor que se puede hacer es reducir las diferencias repugnantes a los límites de diferencias proporcionales.

"Desigualdad" es la utopía (distopía) "natural" de todos los subgrupos oficiales políticos, económicos y religiosos -el tri-oficialismo- de todos los niveles, impulsados por la maximocracia -querer acumular siempre más de todo- que es su pasión patológica, imposible de contentar o satisfacer. El dinero o el capital se volvió la vía que más favorece la concentración/acumulación obsesiva de riqueza en manos de unos pocos, creando la desigualdad para la mayoría. Pero es equivocado pensar que los "males" de la humanidad vienen del neoliberalismo o socialismo. Los "males" en todos los sectores y niveles de la vida vienen del tri-oficialismo desproporcional y concentrador, sea ese oficialismo capitalista o socialista, cristiano o islámico, masculino o femenino, blanco o negro, de derecha o de izquierda, del norte o del sur, de Oriente o de Occidente, imperial, nacional, local o familiar. *El mal es el oficialismo desproporcional de "los de arriba", sobre "los de abajo". El mal oficialista baja en cascada.*

Tengan los oficialistas y sus instituciones mucho o poco dinero, por el afán de poder de su cerebro central seguirán evadiendo el control del cerebro derecho (moral, solidario, confiado de la justicia triádica proporcionalista) y el control del izquierdo (información verdadera, leyes, racionalidad, límites, crítica, resistencia de los antioficiales). Las sádicas e insaciables ganas oficialistas de imponerse, de acumular, de dividir para dominar, de matar, de oprimir y de divertirse ejerciendo la crueldad sobre los demás serán interminables, si esperamos buena voluntad de ellos, sin organizarnos para imponerles límites. Por eso el slogan:

¡EL 99 UNIDO CONTRA EL 1%!

Las víctimas del tri-oficialismo desproporcional -del 1%- son mujeres y hombres, niños, jóvenes, adultos y viejos pobres; son los desempleados, los trabajadores rurales y urbanos esclavos o mal pagados; son los emigrantes forzados; son los consumidores engañados por el marketing, los engañados por ficciones religiosas, los engañados por los políticos y por el mercado; son los discriminados por racismo, por género; son los excluidos que viven en las periferias y aquellos de los niveles más bajos de la pirámide social de todos los países, también de los desarrollados; son todos los indignados con la injusticia, con la depredación universal, con la manipulación de la verdad y humillados en su derecho de vivir dignamente. Los protagonistas de esa lucha serán un ejército de conciencias indignadas y rebeladas contra el tri-oficialismo causante de la desproporcionalidad, sea en la macro o en la microfísica de la convivencia. Son buscadores de la proporcionalidad. Pero esas víctimas son oscilantes, son un montón de individuos como granos de arena, sin organización, desunidos, sin rumbo y sin conciencia de ese juego triádico perversamente manipulado. Se rebelarán cuando tomen conciencia de sus tres cerebros, de cómo cada lado del cerebro comanda los tres subgrupos del juego por la vida y por qué son perdedores.

Frente a ese "peligro", el tri-oficialismo trata de "apoyar" organizaciones reivindicatorias horizontales, como el movimiento negro, indígena, el movimiento feminista, el movimiento LBTG, el movimiento por los derechos de los animales, el movimiento ambientalista, entre otros, para hacerlos luchar entre ellos (por eso, luchas "horizontales": dividir para gobernar). Mientras compiten entre sí, esas fuerzas populares horizontales pierden de vista al enemigo común de todos ellas que es el *tri-oficialismo desproporcional de todos los niveles* (en particular el oficialismo económico) y no desatan la lucha vertical contra él. Quien une a los oscilantes y los conduce a luchas verticales contra los dueños del sistema opresor son nuevos líderes antioficiales, conscientes de sus tres cerebros como fuerza en el juego de los tres subgrupos. Es cosa del pasado hablar de izquierda y derecha; Las utopías requieren nuevo lenguaje, nuevas herramientas y estrategias. El Manifiesto de la Proporcionalidad trae lo nuevo. Presentamos el Manifiesto en su **Plataforma 1.**

PLATAFORMA 1

MANIFIESTO DE LA PROPORCIONALIDAD
CON DEMOCRACIA DIRECTA

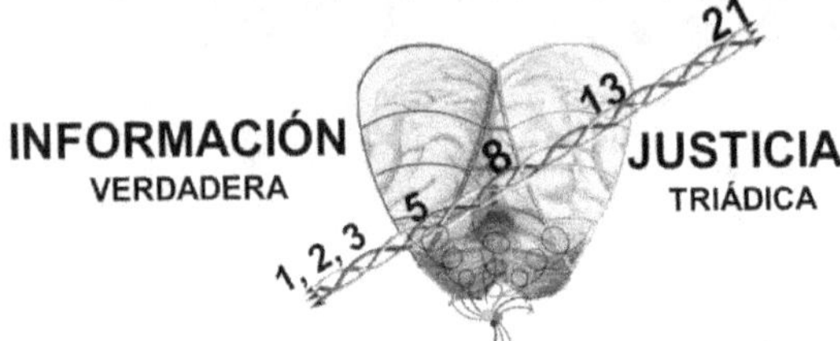

"**DINERO PARA TODOS**" es el lema para el nivel de minivivencia o **piso mínimo** de vivencia tricerebral por renta básica universal de combate a la pobreza en los 14 subsistemas (adelante). La Organización de las Naciones Unidas, consciente de que los indicadores meramente económicos como renta *per cápita,* clases o estratos económicos, PIB (medida anual del producto interno bruto de un país) tasa de crecimiento económico, etc. están demasiado encerrados en el cerebro central, creó el concepto de "Índices de Desarrollo Humano" que incluyen otros satisfactores no-económicos de los tres cerebros que no corrigen bien tal economicismo. Por eso se proponen "los cuatro niveles de vivencia tricerebral" y, cambiar el PIB por el PDST -*Producción y Disfrute*

Pero los niveles de vivencia son determinados más por el paradigma e ideología imperiales y sub-imperiales por región y sus reglas de juego, que, por la dotación natural o el esfuerzo individual, nacional o de bloque regional. El actual paradigma u "orden mundial" es más o menos así:

Este gráfico ilustra el comando del Planeta por la econocracia, y por la "democracia/elitecracia" y la teocracia -el tri-oficialismo de triadización primera- cada cual con sus tres principales subgrupos -de triadización segunda- que se van subdividiendo siempre en tríadas menores. La "democracia" y la teocracia son testaferros y mercenarios de la econocracia. Que el modelo está en crisis no quedan dudas. Pero se mantendrá mientras pueda traspasar el costo a los escenarios regionales, nacionales y subnacionales más bajos, en cascada. El Poder Económico que nos comanda a todos y a todas nuestras actividades por los 14 subsistemas o sectores de la vida tiene su juego triádico interno. Hasta el Siglo XIX el subgrupo oficial de producción de riqueza era el industrial que había desplazado el modelo feudal. En el Siglo XX, se fue imponiendo el modelo financiero-comercial (posindustrial) como subgrupo oficial, bajo las protestas del modelo industrial que acusa a los bancos, a la bolsa y a las agencias financieras de ser parásitos porque no producen satisfactores reales tangibles y porque desvían inversiones de la producción para aplicarlas en la especulación o la guerra financiera. Es capital improductivo. Siendo así -que dinero procrea dinero- toda corporación que puede se monta su banco o su cooperativa de crédito.

La teoría de los 14 subsistemas es una ampliación del antiguo concepto "socioeconómico" de Adam Smith para la clasificación de las necesidades y de los hechos de la realidad, elaborado por el antropólogo y economista A. R. Müller, doctorado en Oxford:

S01 Familia – géneros, sexualidad, familia, demografía, comunidades.

S02 Salud personal/pública – hospitales, farmacias, profesionales, cementerios.

S03 Manutención – abastecimiento, ferias, comercio, cocina, dietas, drogas.

S04 Solidaridad – amor, lealtad, unión, confianza, asociaciones, cooperación.

S05 Recreación – descanso, artes, clubes, diversión, vacaciones, turismo.

S06.1. Comunicación - idiomas, correo, medios,

Internet, información, marketing.

S06.2. Transporte - terminales, equipos, circulación, depósitos, contenedores.

S07 Educación – escuelas, educadores, manuales, investigación, ciencia.

S08 Patrimonial – propiedad, bancos, bolsa, correctoras, seguros, negocios.

S09 Producción – energía, corporaciones, trabajo, oferta de satisfactores.

S10 Religioso – templos, libros sagrados, ritos, fe en un mundo "sobrenatural".

S11 Seguridad – fuerzas armadas, policías, cárceles, violencia, defensa, paz.

S12 Político-Administrativo – organización social, Estado, gestión del bienestar.

S13 Jurídico – leyes, moral, justicia, tribunales, poder legislativo y judicial.

S14 Mérito-Ranking – maximocracia, fama, mérito, reconocimiento, honra.

El modelo sirve para dar cuenta de las transacciones sociales de la sobrevivencia en cuatro niveles de cada subsistema, denunciando y sustituyendo las teorías económicas y de mercado de Adam Smith y neoliberales, supuestamente autorreguladoras y exactas: regulan exactamente y siempre a favor del tri-oficialismo más altos. Basta de declaraciones rimbombantes de derechos, inalcanzables sin un mínimo de dinero: la educación es libre para todos, si tienen dinero para comprarla; la comida es libre para todos, si tienen dinero para el supermercado; todos son libres para ir y venir si tienen dinero para el boleto; las medicinas son libres para todos, si tienen dinero para ir a la farmacia; la justicia es accesible a todos... los que tienen dinero para los abogados y notarías; ser votado como político es un derecho de todos... los que tienen dinero para comprar votos, etc. etc. etc.

Se trata, en este nuevo modelo de organización humana, de garantizar poder de compra para un piso de dignidad humana mínima, definido como "minivivencia" para todos, lo cual requiere, como contrapartida, que se establezca un techo máximo o disminución de ritmo de ganancias y acumulación para los individuos, las empresas y los países en mejores condiciones.

Además de obedecer a un límite de acumulación impuesto por ley, se debe sustituir porcentajes progresivos de sueldos en las empresas hasta reemplazarlos del todo, para que los que actúan en una corporación sean automáticamente accionistas/controladores de la misma. Al argumento de que eso frena el progreso y la iniciativa, se responde que el progreso que están defendiendo produce cada vez más ricos -totalmente innecesarios- y cada vez más pobres y desastres para el ecosistema -cada vez más urgidos-; que es hora de darle prioridad a la producción de satisfactores para las personas y la vida en sus cuatro niveles, con ganancia proporcional tri-grupal, para corregir el vicio económico de producir sólo lo que garantice ganancia máxima para unos pocos. Esta falsa economía, con su falsa eficiencia y su falso discurso...

"INFORMACIÓN VERDADERA" apunta a combatir la manipulación educacional domesticadora y la distorsión de la verdad por el tri-oficialismo supremo y sus medios de comunicación con engañadores de carrera, los marqueteros. Esos son magos del teledirigismo manipulador de las masas por el neuromarketing mediante el cual imponen el consumismo como la felicidad misma. Lo que hay es comunicación de vía única, incontestable, seleccionada y distorsionada de acuerdo con los intereses poco confesables del oficialismo desproporcional más alto, lo cual se asemeja mucho al lavado de cerebro, a la alienación. Es la perversión de la función social del lenguaje y de la comunicación.

Existe la mentira política sobre la democracia (que es monocracia del subgrupo oficial) y la mentira profesional de los políticos con sus *twitter* y redes sociales para la divulgación de sus *fake news*. Existe la mentira económica del libre mercado sustentada por la ideología de los ricos llamada ciencia económica. Y existe la engañifa religiosa de invención de mundos y gobiernos sobrenaturales como instancias de justicia, recompensa y castigo sólo para después de muertos (¡aquí y ahora tiene que ser!).

La misma ciencia monádica-lineal es parcialmente viciosa por servir primordialmente a los intereses de los subgrupos oficiales y mantenerse lejos del control social. La ideología del desarrollo y riqueza capitalistas, para todos y sin fin, se está revelando como la mentira más peligrosa de todas porque está en contradicción con la inter-sustentabilidad de la vida para todos los ocupantes humanos y no humanos de un planeta agotable.

"JUSTICIA TRIÁDICA" apunta a sustituir el ordenamiento jurídico monádico/imperial del tri-oficialismo que impone controles, persecuciones, guerras y sufrimientos a los oscilantes y antioficiales, mientras ellos, los oficialistas, se permiten todas las libertades, exenciones, privilegios, corrupción e impunidad por encima de toda y cualquier ley, ética y moral. Los de arriba se protegen autoproclamándose "nobles" o elegidos y favoritos de los dioses. Hace falta más sensibilidad, más espíritu de reverencia y solidaridad universal, y menos hipocresía, para lo cual hay que invertir más en educación de valores de los cuatro niveles de cada lado del cerebro, proporcionalmente. Faltan leyes globales para las tres culturas –la cultura político-científica, la cultura económica, y la cultura sacral, sea la tradicional, sea la *e-culture*- y con base en la matemática de las proporciones. Y faltan garantías de aplicación de la justicia a los tres subgrupos, en todos sus niveles.

La justicia para regular las tres culturas será directamente proporcional a las capacidades y responsabilidades de cada persona, subgrupo y país. Para eso, se necesita una nueva Filosofía de la Justicia, de escuelas de Derecho y sus operadores, de base triádica y proporcional, que viene siendo propuesta por el jurista Sebastião Batista, con su tesis doctoral "Aproximación al Concepto de Derecho desde la Perspectiva Triádica" (2004).

PLATAFORMA 2

POR LA DEMOCRATIZACIÓN PROPOCIONALISTA DEL JUEGO TRIÁDICO PLANETARIO

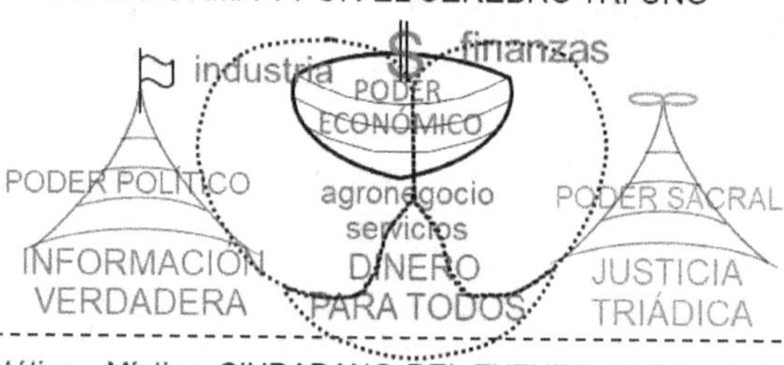

Estética y Mística: CIUDADANO DEL FUTURO-UNIVERSAL
¡Felicidad, aquí y ahora! ¡Engaños no!

Cultura: CIUDADANO DEL MUNDO SIMBÓLICO
¡Acceso a tres culturas liberadoras: Conocimiento, arte y negocios!

Estado: CIUDADANO DE LA DEMOCRACIA DIRECTA
¡Autogestión ecorregional bajo un poder arbitrador tri-uno!

Economía: CIUDADANO COPROPIETARIO DEL ECOSISTEMA
¡Trabajo-moneda-distribución proporcionales!

Núcleo Afectivo-Familiar: CIUDADANO DE LA FRATERNIDAD
¡Capacitación tricerebral de madres pagadas por el Estado!

Mente y Persona: CIUDADANO DE SÍ MISMO
¡Rescate su cabeza, no la entregue!

Ambiente/Ecología: CIUDADANO DE LA NATURALEZA
¡Abajo los exterminadores del futuro, no hay planeta B!

Sistema Efectuador Tri-uno Universal: CIUDADANO DE LA MATERGÍA
¡Reconocimiento, respeto, reverencia y gratitud a la fuente infinita!

Este modelo gráfico ilustra el Manifiesto dela Proporcionalidad en un segundo grado de complejidad, agregando ocho órbitas o esferas entrelazadas de la vida, que denominamos "dinámicas", con palabras de orden o consignas en cada una de ellas. Las "dinámicas" son niveles de desarrollo o expansión de los tres cerebros y sus tres culturas. Las dinámicas son interdependientes y crean la inter-sustentabilidad cuando hay proporcionalidad entre ellas; o la entropía y rebelión cuando no. A continuación, se presenta una síntesis de la propuesta del Manifiesto en cada esfera "dinámica".

Sistema Efectuador Tri-uno Universal (SETU):

¡CIUDADANO DE LA MATERGÍA!

"Matergía" se refiere a la fórmula de Einstein afirmando que la materia se transforma en energía y viceversa. "SETU" es la reconceptualización del cosmos como dinamismo sistémico de efectuación/transformación tri-una/tridimensional en red universal, del cual somos parte y de cuyas leyes dependemos. La humanidad puede ser una flor de Loto, pero ni ella, ni su planeta, ni su sol son el centro del universo. De ese conocimiento parcial y pequeño del todo mayor, debe brotar asombro, respeto, reverencia y gratitud de la humanidad al SETÚ.

¡Reconocimiento, respeto, reverencia

y gratitud a la fuente infinita!

Ambiente/Ecología:

¡CIUDADANO DE LA NATURALEZA!

PROPUESTA: Reintegrarse al ecosistema o naturaleza como red planetaria, defenderla como madre de la vida y fuente de satisfactores, que debe ser preservada en cada ecorregión o municipio: ¡Sustentabilidad!

¡Abajo los exterminadores del futuro,
no hay planeta B!

Mente y Persona:

¡CIUDADANO DE SI MISMO!

Conocimiento de sí mismo por el cerebro tri-uno en sus cuatro niveles y su ciclo mental de investigación-creatividad-acción. Elevar el comportamiento desde lo instintivo hacia la 

mente, desarrollada en sus tres bloques y tres culturas: científica, artístico-espiritual, económica.

PROPUESTA: Educación básica universal femenina y masculina obligatoria hasta los 16 años, por el currículo de las tres culturas (no sólo el de las ciencias), teniendo como objetivo la capacitación para la autonomía, para la auto proveeduría y para la autoconducción, con reciclajes periódicos. ¡Estar consciente, tener productividad y ser feliz solidariamente!

¡Rescate su cabeza, no la entregue!

Núcleo Afectivo-Familiar-Étnico-Escolar:

¡CIUDADANO DE LA FRATERNIDAD!

PROPUESTA: Reconocer al hogar como la primera escuela de educación por el "currículo familiar" de las tres gramáticas: la de idioma, ciencia y leyes; la de cuerpo, trabajo y dinero; y la emocional de amor y valores proporcionales, con la madre en la posición oficial de autoridad (un 70%). Ella debe recibir más capacitación para eso y protección por parte del Estado y de familiares; y debe tener derecho a remuneración por el Estado, igual a la de una maestra (si no tiene otra), de tiempo completo durante el primer año de vida de sus tres (no más) hijos, y remuneración de medio tiempo para los cuatro años siguientes, si los hijos no tienen guardería/kínder público de tiempo completo. La educación escolar de muchachos y muchachas, que dará continuidad al "currículo familiar", será obligatoria y gratuita hasta los 16 años, concluyendo con preparación para la emancipación familiar e inicio de la vida adulta o mayoridad con todas las responsabilidades de solidaridad y fraternidad social.

**¡Capacitación tricerebral de madres
pagadas por el Estado!**

Economía:

¡CIUDADANO COPROPIETARIO DEL ECOSISTEMA!

PROPUESTA: Reorganizar las actividades humanas en ecorregiones de copropietarios, con intercambio global de bienes satisfactores de los cuatro niveles, en disputa triádica vía mercado proporcional. Protección a la libre iniciativa, al trabajo, a la renta que garantice la minivivencia y al esfuerzo para alcanzar niveles más altos, reprimiendo la especulación y los modos de obtener riqueza, dañinos a la sociedad y al ecosistema. Se garantiza la propiedad individual o colectiva, de empresarios y de países, pero tendrá un techo máximo que será un porcentaje del PIB regional, establecido entre los tres subgrupos, por ecorregión.

**¡Trabajo-Moneda-Distribución
Proporcionales!**

Estado:

¡CIUDADANO DE LA DEMOCRACIA DIRECTA!

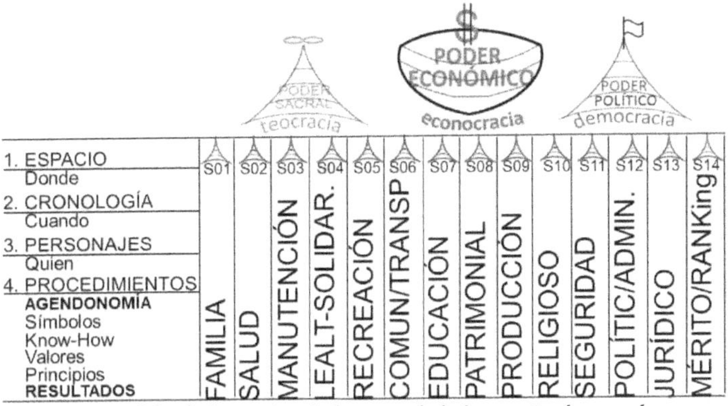

Modelo actual de municipio, estado, país

Reorganizar las instituciones particulares y colectivas eco-regionalmente, (alrededor de 62% y 38 % respectivamente), en comunidades y sociedades de trigestores, con supremacía del Poder Local. Como poder superior central, sólo un Poder Arbitrador Tri-uno, elegido por voto libre ecorregional, revocable en cualquier momento, con poder de arbitraje, de fiscalización y seguridad, articulándose por ecorregiones, progresivamente, en forma más esférica y menos piramidal. El Poder Legislativo se sustituye por votación directa vía electrónica. El Poder Ejecutivo se sustituye por la autogestión de cada uno de los catorce subsistemas y sus especialidades, por sus respectivos profesionales, bajo el control del Poder Arbitrador. La contribución para mantener lo colectivo será por impuesto sobre la renta y bienes, y algunos pocos impuestos selectivos no declaratorios, basados en el valor agregado (IVA).

Modelo proporcionalista de municipio, estado, país

Esos modelos gráficos ilustran la diferencia entre el modelo de "democracia representativa" con tres "Estados" dentro del Estado, inventado por los anglo-estadounidenses en los últimos 400 años y el modelo proporcionalista de "democracia directa" que es el Estado de los tres subgrupos y todos sus niveles, gerenciado por el Poder Arbitrador Tri-uno.

¡Autogestión ecorregional bajo un Poder Arbitrador Tri-uno!

Cultura: CIUDADANO DEL MUNDO SIMBÓLICO

Todos mandan hacer ejercicio físico; ¿por qué no mandan leer un libro? (J. Saramago)

PROPUESTA: Debe ser favorecido el acceso de la mayoría a la cultura científica para combatir la irracionalidad; el acceso a la cultura político-económica para combatir la injusticia social; y el acceso a la cultura emocional artístico-espiritual para combatir la enajenación, el fanatismo y las supersticiones. Las concesiones públicas a medios de comunicación privados que estén rebajando el nivel de las tres culturas deben ser anuladas. Cultura es subir el nivel de humanización por los tres cerebros y sus cuatro niveles (no es cualquier tradición; hay tradiciones bárbaras a las que llaman "cultura"), rumbo a la reunificación de todos en una sola humanidad y de la humanidad con el resto del ecosistema en que vive y del cual depende.

**¡Derecho a tres culturas liberadoras:
conocimiento, arte y negocios!**

Espiritualidad Estético-Mística:
¡CIUDADANO DEL INFINITO!

PROPUESTA: Promover la espiritualidad mística, y una estética que incluya características de las tres culturas de cada ecorregión. Crear solidaridad y fraternidad holística, incluyendo todos los seres del ecosistema, superando discriminaciones raciales, étnicas, de género, nacionalistas, religiosas, suprimiendo toda forma de depredación, de violencia físico-económica, de violencia ideológico-moral y religiosa, en favor de la paz. Promocionar ciudadanía y membresía progresivas, desde la local hasta la planetaria en un universo triádico único, buscando el vivir proporcional más feliz para los tres subgrupos.

¡Felicidad aquí y ahora, engaños no!

PLATAFORMA 3

INDICATIVO DE PROPUESTAS POR LOS 14 SUBSISTEMAS

PLATAFORMA 1 POR EL CEREBRO TRI-UNO

PLATAFORMA 2 POR ESFERAS DE EXPANSIÓN

Estética y Mística: CIUDADANO DEL INFINITO!
¡Felicidad, aquí y ahora! !Engaños no!

Cultura: CIUDADANO DEL MUNDO SIMBÓLICO
¡Acceso a las culturas liberadoras: Conocimiento, arte y negocios!

Estado: CIUDADANO DE LA DEMOCRACIA DIRECTA!
¡Administración ecorregional bajo un poder arbitrador tri-uno!

Economía: CIUDADANO COPROPIETARIO DEL ECOSISTEMA!
¡Trabajo-moneda-distribución proporcionales!

Núcleo Afectivo-formativo: CIUDADANO DE LA FRATERNIDAD
¡Capacitación tricerebral de madres pagadas por el Estado!

Mente y Persona: CIUDADANO DE SI MISMO!
¡Rescate su cabeza, no la entregue!

Ambiente/Ecología: CIUDADANO DE LA NATURALEZA!
¡Abajo los exterminadores del futuro, no hay planeta B!

Sistema Efectuador Tri-uno Universal: ¡CIUDADANO DE LA MATERGÍA!
¡Reconocimiento, respeto, reverencia y gratitud a la fuente infinita!

PLATAFORMA 3 POR LOS 14 SUBS.

S01	S02	S03	S04	S05	S06	S07	S08	S09	S10	S11	S12	S13	S14
S01-FAMILIA	S02-SALUD	S03-MANUTENCIÓN	S04-LEALTAD/SOLIDAR	S05-RECREACIÓN	S06-COMUNIC/TRANSP	S07-EDUCACIÓN	S08-PATRIMONIAL	S09-PRODUCCIÓN	S10-RELIGIOSO	S11-SEGURIDAD	S12-POLIT/ADMINISTR	S13-JURÍDICO	S14-MÉRITO/RANKING

Este modelo gráfico ilustra el Manifiesto de la Proporcionalidad en su Plataforma 3 que es más completa, por presentar propuestas por los 14 subsistemas. Los pequeños triángulos arriba de cada subsistema indican la autogestión por sus propios profesionales, sustituyendo los políticos de carrera.

Con la presentación gradual -primero por los tres cerebros, después por las esferas dinámicas de la vida y ahora por los 14 subsistemas- se espera una aprehensión progresiva de la propuesta del Manifiesto. Quienes hayan entendido y dominado el punto de partida y sus herramientas: principio tri-uno, sistémico, proporcional; paradigma tri-cerebral-grupal con proporcionalidad en sus cuatro niveles; y los catorce subsistemas con sus cuatro factores operacionales, podrá rehacer todo el camino hasta acá.

PROPUESTAS EN LOS 14 SUBSISTEMAS DE LA ORGANIZACIÓN SOCIAL

Las siguientes propuestas obedecen a la necesidad de concreción de las demandas liberadoras expresadas en los distintos dominios o dinámicas de las Plataformas 1, 2 y ahora 3 del Manifiesto. Las propuestas son para lograr el proporcionalismo en cada uno de los subsistemas y entre todos ellos, para evitar desvíos por excesos o por carencias.

S01. PARENTESCO/FAMILIA. Se debe realizar un nuevo ordenamiento de la vida urbana construyendo ciudades que no superen los 800.000 habitantes. Las actuales megalópolis (un total de 38 ciudades superan la cifra de 10 millones de habitantes) no pueden garantizar la calidad de vida con un piso digno de vivencia a través de servicios en los 14 subsistemas para las mayorías, ni controlar los excesos de la maxivivencia. La desventaja del campo sobre la ciudad será compensada con impuestos menores para el campo y mayores para la ciudad, progresivos, según crezca el tamaño de la ciudad. También se facilitará la migración interna e internacional de personas no solo del capital.

Desestimular la acumulación, aboliendo o

sobrecargando de impuestos las herencias, a excepción de las empresas familiares consideradas de utilidad social. Control de natalidad limitada a un máximo de tres paternidades y tres maternidades.

Toda neo-madre recibirá formación sobre su rol como "constructora de cerebros" responsable de los contenidos emocionales y relacionales, de visión de mundo y de habilitación básicos, que serán el cimiento de la personalidad de sus hijos al madurar. En la misma línea, la autoridad eco-regional garantizará la dedicación de la madre a la crianza de sus hijos, de tiempo completo en el primer año y de medio tiempo por otros cuatro años, contabilizando ese tiempo para la jubilación, con remuneración de profesora de enseñanza básica.

Derecho de libertad o preferencia sexual y de género. Corresponsabilidad familiar: es el criterio según el cual, cualquier atribución de responsabilidad, de culpa y de castigo será distribuida proporcionalmente desde el principal responsable hasta sus parientes en primer grado, incluyendo exesposos(as) de acuerdo con el sistema de parentesco de cada cultura.

S02. SALUD. Planteamos que es necesario incluir nociones de medicina alopática y métodos alternativos de salud en los currículos escolares de la educación fundamental y en los programas de formación profesional en medicina y farmacia,

bralidad en los campos del conocimiento, la espiritualidad y la producción.

Debe incluir el conocimiento del inconsciente familiar y sus recurrencias sociales y religiosas, al igual que el aprendizaje de las relaciones sociales dentro de las tensiones de los juegos triádicos de poder en los grupos sociales donde el ciudadano-a sepa ser menos juguete y más jugador, proporcionalista, ético y autoconducido. Persona portadora de alguna deficiencia tendrá acceso a la educación especializada que necesite.

Después del noveno año/grado, la educación será pre-profesionalizante en los 14 subsistemas. La ascensión a niveles superiores será libre y estimulada, pero pagada proporcionalmente al nivel de vivencia, con protección a la iniciativa y al trabajo personal. No se requerirá diploma académico o universitario para trabajar, a excepción de las profesiones que impliquen riesgos de vida o de inter-sustentabilidad del ecosistema.

Cada 7-8 años, el adulto trabajador tendrá derecho a 6 meses de reciclaje y actualización de su capital tricerebral. En la educación superior el currículo será tricerebral y su contenido distribuido proporcionalmente según los requisitos de cada área de saberes. Será prioritaria la investigación y evolución supradisciplinarias o unificadoras del conjunto de saberes de ciencias exactas, sociales y humanas para combatir la hiperespecialización irresponsable y para solucionar el problema de la convivencia dentro de los límites de la proporcionalidad.

S08. PATRIMONIAL. Habrá un límite de endeudamiento presente y futuro para individuos, familias, grupos, prestusuarias y países. Los fondos de la ONU/UPLAT se utilizarán en primera instancia, para el desarrollo de los países más pobres del planeta.

Los actuales bancos privados y paraísos fiscales serán suprimidos y su capital dedicado a políticas públicas. Los bancos públicos/colectivos quedarán bajo el control del Poder Arbitrador de cada ecorregión, con pena de muerte para quien robe desde centavos.

Cualquier cambio de moneda no podrá ser prerrogativa privada. Lo será del Poder Arbitrador como un asunto de interés público. El poder Arbitrador de la ecorregión más amplia suplirá y controlará el medio circulante, con posibilidad de ser creada moneda alternativa o social paralela en la ecorregión o municipio. Se podrá crear moneda nacional o por bloques, mientras se establece una moneda o un denominador común planetario con el respectivo sistema bancario, como símbolo para todos los satisfactores cuyo valor pueda expresarse en moneda.

Quedarán suprimidos los intereses sobre

préstamos. El costo del dinero será sólo el de su administración; los precios de monedas nacionales y satisfactores internacionales se basarán en una cesta de monedas y *commodities*. Los préstamos serán asociaciones de negocios entre el banco y el tomador de crédito. Bolsa, cambio, sociedades limitadas y anónimas actuarán libremente dentro de los límites o porcentajes de acumulación/endeudamiento frente al PDST. La parte de bolsa de futuros o bolsa-casino quedará suprimida.

El arriendo de tierra estará prohibido. La tierra improductiva/especulativa se confiscará y se venderá mediante financiación por cuotas, como se financia la vivienda.

Las cuentas clandestinas, en el país o en el exterior, se confiscarán. Se cobrarán impuestos al uso de los robots según la proporción de trabajadores desplazados y la jubilación a ellos debida. El valor de la jubilación para todos será lo correspondiente al nivel de mediovivencia de la ecorregión.

Minerales, vegetales y animales silvestres, plasma, genoma, transgénicos, el ambiente físico, el ecosistema en general, no podrán ser propiedad privada absoluta de individuos, empresas o países, salvo bajo parámetros estrictos de sustentabilidad y sostenibilidad. Estos bienes serán considerados patrimonio holístico, condominio o copropiedad de todos los humanos y demás seres, proporcionalmente.

S09. PRODUCCIÓN. Las agendas prestusuarias de los 14 subsistemas (y segmentos o aglomerados de subsistemas) funcionarán por la autoorganización y autogestión de profesionales de cada subsistema, formando su propio poder tri-uno específico, en redes municipales y ecorregionales, bajo control de agencias reguladoras del Poder Arbitrador Tri-uno máximo o generalista, al cual el poder tri-uno de cada subsistema estará subordinado.

La meta mayor no será la producción de mercancías o satisfactores para para la acumulación de ganancias, sino, principalmente, para producir satisfactores auto costeados para necesidades escalonadas por los 4 niveles de vivencia de los tres cerebros o de los 14 subsistemas. La falsificación de productos por alguna prestusuaria provocará automáticamente su confiscación y disolución. La iniciativa de producción será libre, con un 38% de participación colectiva-pública, y hasta el 62% de iniciativa privada.

La agendonomía y las prestusuarias tendrán horarios y días de funcionamiento en cascada o traslapados, siete días por semana, las 24 horas del día para evitar horarios pico y congestionamientos de transporte.

Se desarrollará el uso de la energía eólica, solar, el hidrógeno, mini-hidroeléctricas y recursos renovables para substituir el uso de combustibles fósiles. Además de obligación del reciclaje, las prestusuarias pagarán tasas de uso del ambiente y de los recursos naturales en el valor equivalente al costo de su reposición.

S10. RELIGIOSO. Proponemos esclarecer lo que sea reverencia y gratitud al todo matergístico -SETÚ- del que somos parte, desde la infancia, en sustitución de la neurotizante catequesis precoz; y orientar a los adultos hacia la espiritualidad mística, por meditación.

Proponemos la libertad de prácticas espirituales, pero no para "religiones" que practiquen violencia ideológico-moral manipulando poblaciones inconscientes de sus recurrencias familiares. Habrá concientización crítica e integración proporcional entre fenómenos de cerebro derecho-fe, racionalidad-ciencia y pragmatismo-bienestar.

Las prestusuarias religiosas (religiones) tendrán solamente autonomía local y ecorregional; tendrán que ser de pequeños grupos y dedicarse primariamente al cerebro derecho para la elevación del ser humano a la estética y mística, sin separación de su conciencia y de su realidad práctica. Estarán subordinadas al Poder Arbitrador, sin reclamar poder independiente o de estado religioso equiparado al político (concordato).

Los calendarios de todas las religiones estarán subordinados a un sólo calendario del Poder Arbitrador, que promoverá celebraciones ecuménicas.

S11. SEGURIDAD. Planteamos la abolición de la guerra, substituyéndola por arbitraje. Igualmente proponemos la progresiva extinción de las Fuerzas Armadas, de la producción de armamento de guerra y la supresión inmediata de la tortura y del sufrimiento físico. En caso de declaración de guerra, los combates deberán empezar por los que la declaran y sus parejas, y desde ahí hacia abajo. No habrá tribunal militar. Los abusos de las fuerzas armadas serán juzgados sin derecho a amnistía, sin derecho al pago de fianza y sin derecho a abreviación de pena.

La víctima de cualquier crimen o la respectiva familia recibirá seguro-indemnización pagado por la policía comunitaria. La policía, a su vez, será pagada por el delincuente que tendrá que trabajar, y complementada por sus parientes siguiendo el criterio de corresponsabilidad familiar.

La población no podrá tener armas que no sean requeridas por el ejercicio de la profesión y registradas. Los cuerpos carcelarios serán especializados en reeducación por el trabajo, estudio, espiritualidad y reinserción social. Las penas serán de pago a los perjudicados, o de servicios a la comunidad o a los perjudicados. La reincidencia en crímenes graves será tratada por reacondicionamiento comportamental.

S12. POLÍTICO-ADMINISTRATIVO. Reducir progresivamente la importancia de fronteras jurídicas y políticas sobreponiéndoles la importancia de Condominios Ecorregionales para adaptarse a conceptos ecológicos.

Normas, leyes y decisiones se harán por plebiscito directo electrónico, semanalmente o en la periodicidad requerida. Los partidos, los políticos profesionales y las inmunidades quedarán suprimidos. Tres meses antes de la fecha de las elecciones para el Poder Arbitrador, éste propondrá nombres para organizar el Frente Continuista del subgrupo oficial de turno, el Frente Renovador del antioficial aspirante al poder, y el Frente Equilibrante del subgrupo oscilante. Terminada la elección, se disolverán automáticamente los tres partidos.

El Poder Arbitrador será ejercido por Jueces adheridos a la concepción de Justicia triádica y correspondiente Derecho triádico. Este "Gobierno" será tan sólo el subgrupo oficial, pagado como Administrador del condominio nacional y planetario. A cada subgrupo, funcionario y cargo que se elija, se le formará un dispositivo de vigilancia, con función de feedback y, en caso de desproporcionalidad continuada, con poder de formación de tribunal popular.

La estructuración de los tres subgrupos del

Poder Arbitrador en cada nivel deberá ser tal que se moderen uno al otro para mantener la proporcionalidad. Como poder público, sólo existirán el Poder Arbitrador ecorregional-municipal, interregional, nacional y planetario, con sus redes y pactos.

El Poder Arbitrador será elegido por períodos entre 5 a 8 años, conforme al programa a ejecutar y con derecho a reelección. Pero puede ser revocado en cualquier momento, por mayoría simple, como cualquier otro subgrupo oficial, mediante plebiscito electrónico en que participen por lo menos el 38% de los ciudadanos adultos de la ecorregión, país o bloque en cuestión. Para las funciones de la ecorregión, se contratarán servidores de acuerdo con la ley de agendonomía vigente (sin garantía de estabilidad).

Los impuestos (5 como máximo) serán colectados electrónicamente.

Los plebiscitos serán soberanos. Distorsionarlos, incumplirlos o contrariarlos decretará, automáticamente, la sentencia de muerte de sus autores. La función principal del Poder Arbitrador será proponer y mantener límites proporcionales en todo, y en cada ecorregión, manteniendo ritmos y límites de crecimiento de cada subsistema y de cada uno de los tres subgrupos con previsiones de largo plazo, con miras a reducir el tamaño, la duración e intensidad de las oscilaciones cíclicas de abundancia y escasez de los satisfactores triádicos.

S13. JURÍDICO. Formulamos la organización del Derecho y de la carrera de leyes por los 14 subsistemas: un Derecho Sistémico Triádico aplicando los principios del Proporcionalismo entre las tres o más partes involucradas. Las sanciones por una misma infracción serán diferentes y proporcionales según el perfil del nivel de vivencia del reo: cuanto más alto el perfil, mayor la sanción por la misma infracción; y cuanto más bajo el perfil tricerebral del ofendido, mayor la pena para el agresor. Se descongestionará el Poder Arbitrador con Jueces de paz, tribunales populares, moderadores y mediadores por toda parte elegidos por votación electrónica directa.

Planteamos unificar y simplificar la documentación identificadora biométrica del ciudadano, completamente abierta a consulta de su titular. Abolir la declaración de color en documentos. Eliminar las agencias de inteligencia o espionaje de la vida del ciudadano por parte del tri-oficialismo, a no ser que el ciudadano tenga el derecho a hacer lo mismo con el tri-oficialismo.

S14. PRECEDENCIA-reconocimiento, ranking. La institucionalización de concursos, competiciones municipales y ecorregionales, la distribución de distinciones y monumentos estarán bajo el control del colegiado de autogestión de este subsistema.

Todo sistema de evaluación abarcará el tricerebrar o los tres bloques de subsistemas, cuidando que las premiaciones sean proporcionales a los tres cerebros y a los tres subgrupos, premiando el mérito moral-ético, la cooperación, el esfuerzo y éxitos proporcionales. La principal tarea de este subsistema será moderar la disparada maximocrática de individuos, subgrupos, prestusuarias y países en todos los demás subsistemas para evitar la ley de la selva o la ley de la selección natural por la superioridad de la fuerza.

En la reverencia a la memoria del pasado (museos y monumentos) se incluirán muestras del paisaje, de la flora, de la fauna y de experimentos sociales notables, preservando la identidad local. El estudio de la memoria histórica y geográfica será triadizado, empezando por el aquí y ahora, de lo contrario no pasará de un registro laudatorio del bandidaje político y militar del oficialismo.

PLATAFORMA 4

PROPUESTA POR LA GOBERNANZA PLANETARIA

"Las Naciones Unidas ahora, y un futuro Gobierno mundial tienen que servir un único objetivo: la garantía de la seguridad, tranquilidad y bienestar de toda la humanidad" (Albert Einstein en carta abierta a la Asamblea General de las Naciones Unidas, 1947; Mis Ideas y Opiniones, 2000).

"Cuando Ud. se declara indio o musulmán, cristiano o europeo, o cualquier otra cosa, Ud. está siendo violento. ¿Por qué es violento? Porque Ud. se está separando del resto de la humanidad. Al separarse por creencia, nacionalidad, tradición, etc. Ud. genera violencia. Por eso, un ser humano que busca comprender la violencia no pertenece a ningún país, a ninguna religión, a ningún partido político o cualquier sistema parcial; su interés (y su identidad) es la comprensión de la humanidad como un todo" (Krishnamurti, Libérese del Pasado).

Una propuesta, un cambio, una constitución, una religión, una revolución que no se haga para la proporcionalidad entre los tres subgrupos no es más que un golpe, un asalto de una clase o de un subgrupo sobre los otros dos (Germán Zavala, exactivista-marxista colombiano).

Visión sintética de la estructura de la ONU por los 14 subsistemas, saboteada cada vez más por el imperio judeo-anglo-americano

Nuestro objetivo es un intento de socorrer un planeta en situación crítica de convivencia eco-sistémica global con grave peligro de extinción de múltiples formas de vida empezando por la de la especie humana, basándonos en la metodología supradisciplinaria de la Ciencia Social General, o Cibernética Social Proporcionalista. Somos ex-presión de los incontables llamados a la reorient-ación de la acción social humana, que incluyen,

por citar un solo antecedente, la carta abierta en
1947 a la Asamblea General de las Naciones Unidas, escrita por Albert Einstein en la que postul-
aba una urgente reformulación de la economía y la
gobernanza mundial para la paz.

FRACASO DE LA ECONOMÍA Y DE OTROS REMEDIOS INTENTADOS

La propuesta de pobreza voluntaria de los primeros hippies, como Buda que despreció los deseos por ser fuente de todo sufrimiento, como el filósofo Diógenes que despreció a Alejandro Magno; como el religioso Francisco de Asís que despreció la riqueza de la Iglesia católica, como el revolucionario judío Karl Marx que despreció el capitalismo, todas han sido propuestas que no prosperaron como remedio a la insania y barbarie económico-financiera de todos los tiempos.

Creemos que este nuevo paradigma sistémico tri-uno de la Ciencia Social General es mejor que cualquier otro para enfrentar la calamitosa situación del planeta y de la humanidad con una nueva propuesta global.

¿Cómo será una utopía para el nuevo ciclo de la humanidad que requiere gobernanza planetaria, cansada ya de sus mediocres gobiernos y nacionalismos? No se puede decir que la solución viene de un nuevo orden económico o de un nuevo régimen político o del ecumenismo religioso, separadamente.

Un manifiesto, entonces, tendrá que partir de

la triadicidad de la matergía que empuja hacia la maximocracia, así como de los tres poderes máximos, con sus vicios y abusos: primero, enfrentando nuestro gran inconsciente colectivo que es la furia expansiva de la matergía tri-una que nos empuja a esta corrida loca que terminará en tragedia; segundo, enfrentando las tiranías tri-grupales de cada etnia y país. Tendrá que haber un salto de concientización del juego triádico y un pacto de cooperación entre los subgrupos para impedir que este juego nos obligue a matarnos.

La Historia es evolutiva y superadora, de ciclo en ciclo. Este nuevo ciclo tendrá que ser post-capitalista, post-socialista y post-sacral, enfrentando la resistencia de sus respectivos dueños y privilegiados, como la Reforma-Revolución (1517) protestante enfrentó las tristes guerras y masacres religiosas de su época. Pero ahora se trata de "salvar" o darle más larga vida a los tres subgrupos y a todo el ecosistema y no solo de "salvar" la gran vida de los subgrupos oficiales del poder político, económico y sacral de cualquier país y región.

GOBERNANZA PLANETARIA TRI-UNA POR LA UPLAT

UPLAT -Unión Planetaria Tri-una- es una propuesta de organización de gobernanza planetaria, de ciudadanos planetarios, como sucesora de la ONU, que ya ha cumplido su papel y no tiene fuerzas para arreglar el caos internacional en que navegamos. Más que nunca, es el momento de instituir la gobernanza planetaria. Los intentos que se hicieron fueron no más que acuerdos de vencedores de las últimas dos guerras mundiales, es decir, el imperio judeo-británico-americano. Sería mejor no esperar otra guerra mundial para rehacer la gobernanza mundial.

Una organización de gobernanza mundial no sería para vencedores de guerra contra los derrotados, como fueron la Liga de las Naciones y la ONU. Sería un poder de arbitraje para toda la humanidad, todos los países y sus tres subgrupos tetranivelados, junto con el ecosistema, para substituir la guerra por el arbitraje.

Una UPLAT –Unión Planetaria Tri-una de la humanidad- no sería sólo de naciones o de bloques económicos ni sólo de banqueros/especuladores o de políticos y gobernantes (marionetas del poder económico). Para que la humanidad y su ecosistema como un todo defiendan la vida no tienen que buscar el enemigo en una etnia o en un país. El enemigo para detener y, si es necesario, a exterminar, es el subgrupo oficial más alto del poder económico de una etnia, de un país, de una región y del planeta. La fuente de perversión de la historia no son los judíos, no son los blancos, los negros, los amarillos, no son los hombres o las mujeres, ni los políticos, ni los religiosos: son los subgrupos oficiales del poder económico-financiero desproporcionales, sean sus miembros judíos, árabes, alemanes, brasileños, masculinos, femeninos, políticos, blancos o negros, religiosos o paganos, del Norte o del Sur, de Oriente u Occidente.

La UPLAT, en sus diversas esferas y sus instituciones por los 14 subsistemas, haría la gobernanza del Show Planetario, ilustrado a secuencia, para lograr que las fuerzas naturales, todos los ocupantes del planeta y las ambiciones de los subgrupos humanos se mantuvieran dentro de los límites del PROPORCIONALISMO y se esforzaran para hacer el feedback correctivo de los desvíos por negociación, mediación y arbitraje y no por la violencia de la guerra.

ALGUNOS PRINCIPIOS PARA EL PROYECTO DE LA UPLAT Y GOBERNANZA DEL ACTUAL SHOW DEL JUEGO PLANETARIO

1. Aplicación del paradigma sistémico tri-uno y sus herramientas, hasta la superación por algo mejor y más eficaz. Con puros seres monádicos, no hay cómo moderar la violencia del juego triádico, ni por leyes, ni por religión, ni por educación; y se continuará en la búsqueda de ajustes por medio de huelgas, revoluciones y guerras, sólo para que el vencedor se vuelva el nuevo verdugo.

2. Aplicación del PROPORCIONALISMO en números, como base de la justicia triádica, de la constitución y derecho de cualquier esfera o nivel de organización. Con base en eso, se establecerán los fines y valores a ser alcanzados por medio de una escala de vectores positivos/negativos entre los polos de neguentropía y entropía de los 14 subsistemas y en sus esferas de expansión dinámica. Así, la "Igualdad frente a la ley" queda abolida. Prevalece la norma de la responsabilidad directamente proporcional al puesto del infractor (cuanto más alto, más paga); el grupo familiar y el equipo triádico de cada esfera del infractor

principal pagará solidariamente, proporcional al grado de proximidad del mismo, en dos grados/niveles de cercanía tridimensional. Las sanciones grupales serán proporcionales a la violencia 1ª del oficialismo, a la violencia 2ª del antioficialismo y a la violencia 3ª del oscilante.

Orden en que se da la opresión, violencia y el terrorismo tri-grupal

3. La ley mayor será la Rueda-Legal de la esfera planetaria como constitución general. La Rueda-Legal organiza los derechos/deberes universales mínimos por los 14 subsistemas y sus 4 niveles, con la UPLAT al centro; obedeciendo a esta constitución, cada esfera en escala descendente hará su respectiva Rueda-Legal contextualizada a su ecorregión (siguiente figura).

RUEDA LEGAL EN ESCALA DESCENDENTE

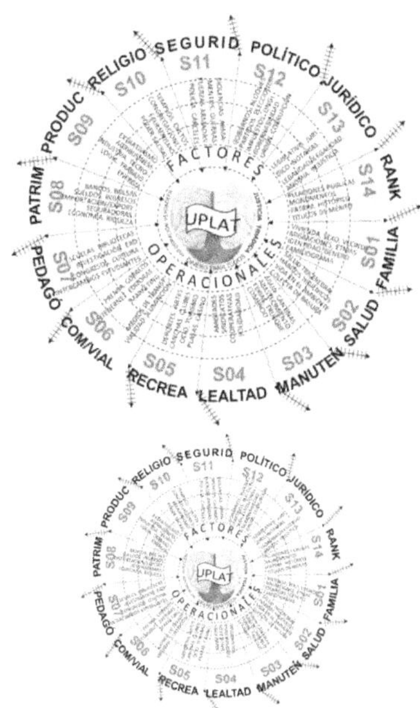

4. Como sucesora de la ONU, la UPLAT heredaría sus instalaciones y activos en un proceso de tres años. El poder supremo será del Comité Arbitrador tri-uno, sin otros poderes paralelos como el político-económico y el sacral; esos serán tan solo subsistemas con dinámica de grupo específica, no generalista, y bajo el Comité Arbitrador.

4.1. La iniciativa para creación de la UPLAT sería, por presión ciudadana global, o una moción de la ONU para forzar al G-20 (Grupo de los 20 países más desarrollados) a hacerse cargo del proyecto. El G-20 consultaría los demás bloques y países, hasta llegar a un consenso sobre la creación de la UPLAT y el proceso de su implementación, bajo consultas y presión de ciudadanos planetarios. Si el G-20 recusara esa misión, la ONU podría convocar una Asamblea General extraordinaria para crear una Asamblea Constituyente de la UPLAT. Este proyecto de constitución de la UPLAT sería sometido a consulta popular digital y después a una nueva Asamblea General de la ONU. Si el imperio judeo-anglo-estadounidense se recusara a aceptar la UPLAT y el grupo BRICS no lograra hacerlo, habría que esperar otra guerra mundial y, que los pocos sobrevivientes (si los hubiera) retomaran el proyecto.

5. Para ser miembros del Comité Arbitrador y operadores de la justicia triádica de todas las esferas y niveles, los candidatos tienen que probar que están libres de vínculos ideológicos, partidarios, religiosos, étnicos, nacionales, etc., o sea, ser expartidarios, exafiliados y exidentificados con cualquier subgrupo político-económico-religioso. Para operar la Justicia Triádica deben mostrar proporcionalidad tricerebral y estar libres de los vínculos y compromisos mencionados, de lo contrario serán declarados impedidos.

5.1. Las Escuelas de Derecho y sus currículos serán reformulados en función de la justicia triádica y de la perspectiva de la UPLAT.

6. Los funcionarios de cualquier institución pública de primer, segundo y hasta el tercer es-

calafón tendrán la divulgación anual de sueldos, beneficios y patrimonio, y están sujetos a pena de muerte por infracción de grado 3 en una escala de hasta 3 grados de gravedad (robo, corrupción, conspiración, etc.); pena de prisión perpetua por infracción de grado 2 (venta de información privilegiada, favorecimiento político-económico, etc.); y penas menores por infracción de grado 1 (negligencia administrativa, ofensa al público, etc.).

7. A señales continuas de tiranía -oficialismo desproporcional- comprobada en cualquier esfera, los subordinados tienen derecho a la desobediencia civil y al tiranicidio, fuera de los procesos legales. La justificación para la desobediencia civil y la resistencia y hasta para el tiranicidio u "oficialicidio" es dada tanto por Tomás de Aquino, en la parte de la Suma Teológica en que trata del Régimen de los Príncipes y en el Comentario a las Sentencias de Pedro Lombardo, como por el filósofo y jurista protestante John Locke, en su Segundo Tratado sobre el Gobierno. Está absolutamente prohibido el asilo político a cualquier tirano, terrorista o golpista forajido. El país que fue perjudicado podrá cazar tales tipos, libremente y donde sea, como lo hizo Israel en su justa cacería a los nazis.

7.1. La UPLAT mantendrá un Tribunal de la Historia (a la manera del tribunal Bertrand Russell-Sartre) para enjuiciar acciones desproporcionales de países y bloques.

> "Si ciertos actos y violaciones de tratados son crímenes, serán crímenes tanto si cometidos por Alemania como por los Estados Unidos" (Juez Robert H. Jackson, procurador-jefe del tribunal de guerra de Núremberg).

8. Las siguientes son las esferas en que el poder arbitrador tri-uno funcionaría, sin ningún país o imperio superior, independiente o con poder de veto, sólo con derechos y aportes proporcionales:

8.1. El poder Arbitrador Superior será la UPLAT, constituida por la confederación de bloques de países organizados en torno a un determinado índice poblacional de representación. No puede tener igual peso el voto de un país de 300 millones de habitantes que el de uno de 500 mil (actualmente hay 58 países con menos de 2,5 millones y de ellos, 38 tienen 500 mil o menos). La UPLAT sería la federación de tales bloques. Queda prohibida la creación de nuevos países, de nuevos estados/provincias en un país y de municipios, porque sería la entronización de nuevos tri-oficialismos. Con la UPLAT, se cierran, por innecesarias, todas las embajadas y organizaciones de espionaje, substituidas por los medios directos e instantáneos de comunicación y negociación.

El Poder Arbitrador máximo, con Comités Arbitradores subordinados, actuaría:

- En cada bloque de países que es una federación de países;

- En cada país que es una federación de estados, provincias o regiones;

- En cada región, estado o provincia que será una federación de ecorregiones (esas son federaciones de municipios);

- En cada ecorregión que será una federación de municipios con características de intersustentabilidad.

- En cada municipio que será una federación de micro ecosistemas. Un municipio solo puede existir a partir de 30.000 habitantes, y comprobando que tiene ingresos mínimos anuales de US $ 5.000,00 per cápita (los actuales municipios sin esos requisitos serán reabsorbidos).

9. Cada una de esas esferas tiene autogestión en cada uno de los 14 subsistemas, pero subordinados al Poder Arbitrador único de la respectiva esfera UPLAT y ésta a la inmediatamente superior hasta la esfera de la UPLAT planetaria.

10. Como se trata de democracia directa, las decisiones que cambien el *statu quo* existente, una vez evaluadas por una comisión de expertos, tendrán que someterse a votación electrónica de la esfera respectiva. En el intervalo entre una votación y otra, o en caso de no funcionamiento de telecomunicaciones/Internet, el poder arbitrador tri-uno puede legislar como medida temporal

ad-referéndum.

11. Para evitar inconsistencia entre decisiones de esferas y entre cada subsistema y sus niveles, todo será sometido a un software que haga los cruces correspondientes, obedeciendo siempre a los principios de la proporcionalidad entre todos los elementos del *Reality Show* del Juego Triádico Planetario.

12. El costo de cada esfera (sus gobernantes y funcionarios) no puede pasar del 40% de su PDST, bajo el principio de la transparencia tri-tetra. Queda abolido cualquier sigilo o reserva sobre asuntos de interés público. Los impuestos serán progresivos y proporcionales al nivel de vivencia a que accede cada persona, empresa, país y bloque de países. Las riquezas del subsuelo, las aguas, fuentes de energía, plasmas y semillas no son objeto de privatización, cuando mucho pueden tener aparcerías público-privadas, con control público mayoritario.

12.1. La medida de producción de satisfactores para el buen vivir será por el PDST, en cada esfera, en substitución al PIB, PNB, IDH, IPS y otras medidas.

12.2. No habrá agencias privadas evaluadoras de riesgo de inversión. Este será un trabajo de los institutos de la UPLAT.

12.3. La reforma del sistema monetario

comienza por la creación de una moneda planetaria de referencia (en substitución al DEG -Derecho Especial de Giro- del FMI), con un banco central y de compensaciones de la UPLAT.

12.3.1. La cotización de valor de las monedas de cada bloque de naciones, para el comercio y pagos interbloques, será calculado por la UPLAT de acuerdo con el PDST de cada bloque.

12.4. El dinero no rinde intereses; al quedar parado (sin ser utilizado), empieza a tener intereses negativos (empieza a devaluarse) después del tercer mes.

13. La UPLAT adoptará, para relaciones internacionales, las lenguas inglesa y española y el sistema decimal universal. Cada bloque podrá adoptar otras lenguas. Los ciudadanos y grupos empresariales tendrán identidad y pasaporte con validez planetaria; sus infracciones serán juzgadas donde fueron cometidas, sin considerar su procedencia geográfica o ciudadanía nacional.

14. Habrá un solo calendario mundial unificado, sin calendario religioso; las religiones tendrán un día del año para su conmemoración conjunta. Las confesiones religiosas son libres y protegidas, pero tendrán únicamente carácter privado, bajo el Poder Arbitrador.

15. La invasión de otros países, sea para lo que sea, será detenida por la UPLAT; el castigo será

despojar al país invasor de territorio igual al que fue invadido y ser sometido a un Tribunal de la Historia.

***

Esta es una invitación a pensar el día siguiente, o sea, lo que sigue a alguna catástrofe. La actual destrucción del ecosistema, las pandemias, la acumulación desenfrenada de capital por el 1% y el caos de la gobernanza planetaria son una sola y misma catástrofe (quizás aun manejable) pero que anuncia otras peores, con otros holocaustos. Eso es un hecho histórico en la etapa de decadencia de un imperio, como ahora la decadencia del imperio judeo-anglo-estadounidense.

Nunca será demasiado repetir al famoso filósofo judío Karl Popper, consciente de su corresponsabilidad, y de Primo Levi, un sobreviviente de Auschwitz:

> "El antisemitismo era un mal que debería de ser temido tanto por los judíos como por los no judíos; correspondía a todas las personas de origen judío hacer lo posible para no enardecerlo" (Popper, Karl, en *Unended Quest: An Intellectural Autobiography*, 1974)).

> "La historia de los campos de exterminio debería ser comprendida por todos como una siniestra señal de peligro", escribió Primo Levi en la introducción de su libro *Si Esto Es un Hombre* (2013).

NOTA FINAL DE REFUERZO Y TEMOR

Estamos convencidos que el enemigo a mantener dentro de los límites de la proporcionalidad no es ningún pueblo, ni etnia, ni cualquier país o religión. Estamos convencidos, sí, que el enemigo mayor de la humanidad hoy, son los subgrupos oficiales del poder económico-financiero desproporcionales y que es deber de todos confrontarlos, combatirlos, detenerlos y controlarlos, y hasta exterminarlos si no se someten. No importa la etnia o "raza", el color, el sexo, la religión, la historia o nacionalidad de los miembros de ese subgrupo: Tendrán que ser perseguidos como enemigos de la humanidad.

Valela pena identificarlos:

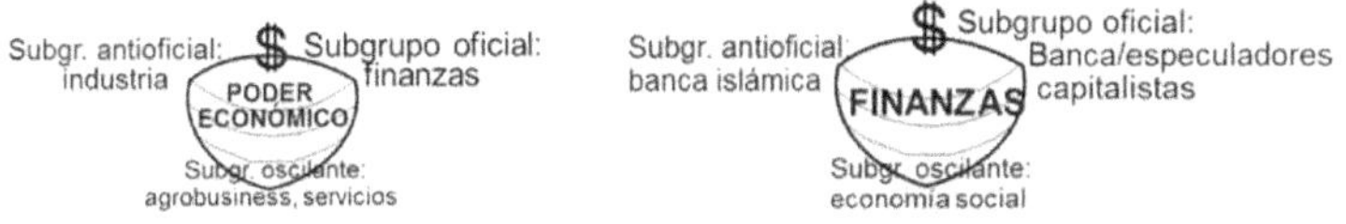

Triadización de la economía, de las finanzas y de la banca

Constatamos con verdadera sorpresa cómo muy pocos toman estricta nota de las advertencias de pensadores como Popper, Freud, Einstein, Primo Levi, Isaac Deutscher, Ernest Gellner, Edgar Morin, Z. Bauman y tantos otros "judíos no judíos" bienhechores de la humanidad, para evitar nuevos holocaustos. Por eso insistimos y lanzar este SOS para moderar los excesos de los subgrupos económico-financieros desproporcionales, si se quiere evitar una segunda venida de Hitler y de otras guerras de exterminio. Esperamos que no se invoque el antijudaísmo como disculpa para rechazar lo que aquí se propone. Si no se atiende a este S.O.S. crecerá la desproporción y con ella los neonazismos, la barbarie y los holocaustos, indiscriminadamente.

> Hay un sentimiento generalizado de impotencia, porque no entendemos la verdadera naturaleza del problema y sus fallas. El problema está en el corazón del sistema económico occidental. En lugar de proteger las personas, el sistema está permitiendo que los cuatro caballeros (del Apocalipsis) galopen para el acto final. Los 4 son: el sistema financiero voraz; la escalada de la violencia organizada; la sórdida pobreza para billones de personas; y el agotamiento de los recursos de la Tierra. Esos cuatro caballeros, trompeteando el fin de todo, galopan sin encontrar resistencia, porque el mapa cognitivo puesto en práctica por las escuelas, universidades, religiones, y medios de comunicación masiva no incentivan el cuestionamiento del *establishment*. En lugar de cuestionamiento y resistencia, hay apatía de vacas caminando mansamente para el matadero (Ross Ashcroft, Four Horsemen, 2012, 01:38:54 video documental con adaptaciones: http://www.youtube.com/watch?v=5fbvquHSPJU)

"Civilización es impedir que los miserables sean aún más miserables; e impedir que los poderosos sean aún más poderosos" (Primo Levi, 2013).

EL "99 CONTRA EL 1%"

¡A despertar, se dijo!

¡UN MUNDO PROPORCIONAL ES POSIBLE!

BIBLIOGRAFÍA

BATISTA, Sebastião. *Aproximación al concepto del derecho desde la perspectiva triádica- descripción de su estructura, dinámica y finalidad* (tesis de doctorado). Universidad de Almería, Almería – España, 2004.

BAUMAN, Zygmunt. *Modernidad y holocausto*. Madrid: Sequitur, 1997.

BLASCHKE, Jorge. *Estos mataron la paz. – la conspiración neofundamentalista y el nuevo orden mundial*. Barcelona: Ed. Robinbook, 2003.

BORGES, Jorge Luís. *El Aleph*. Barcelona: Editorial Sol, 2000.

BREGMAN, Rutger. *Utopía para realistas -a favor de la renta básica universal, la semana laboral de 15 horas, y un mundo sin fronteras-*. Barcelona: Salamandra, 2017.

DEUTSCHER, Isaac. *Los judíos no judíos* en:

https://congresojudio.org/uploads/coloquio/228/coloquio_version_descarga.pdf

EINSTEIN, Albert. *Mis ideas y opiniones*. Barcelona: Antony Bosch, 2000.

FREUD, Sigmund. *Moisés y la religión monoteísta (1939)*. B. Aires: Amorrortu, 1997.

GELL-MANN. Murray. *El quark y el jaguar. Aventuras en lo simple y lo complejo*. Barcelona: Tusquets, 1998.

GOLOMB, Jacob. *Nietzsche e Sião.* São Paulo: Madras, 2005.

GREGORI, W. *Cibernética social – un método interdisciplinario de las ciencias sociales y humanas.* Bogotá: ISCA Ed., 1984.

GREGORI, W. *Ciência social geral.* Santa Maria (RS, Brasil): Pallotti, 2019.

GREGORI W. *Neuroeducación para el éxito.* Puno: Universidad del Altiplano, 2019.

GREGORI, W. *Gramática del dinero:*
https://books.google.com.br/books/
aboutid=nFweCwAAQBAJ&redir_esc=y&hl=pt-BR

KRISHNAMURTI, Jiddu. Libérese del pasado. archive.org/details/LibereseDelPasado

LEVI, Primo. *Si esto es un hombre.* Barcelona: El Aleph, 1987.

MACLEAN, Paul. *The triune brain, emotion, and scientific bias.* NY, Schmitt Ed., 1970. Otras obras similares del mismo autor: *A Triune Concept of the Brain and Behaviour", and "The Triadic Brain in Evolution: Role in Paleocerebral Functions, 1990.*

MEARSHEIMER, John J. & WALT, Stepehn M. *El lobby israelí y la política exterior de Estados Unidos. Madrid:* Santillana Ed. Generales, 2007.

MONBIOT, George. *La era del consenso - manifiesto para un nuevo orden mundial.* Barcelona: Ed. Anagrama, 2004.

MORIN, Edgar. *El Mundo moderno y la cuestión judía.* Buenos Aires: Nueva Visión, 2007.

MÜLLER, A.R. *Teoria da organização humana ou dos 14 subsistemas sociais.* São Paulo: Editora Sociologia Política, 1958. Versión modernizada de esa teoría se encuentra en los escritos de W. Gregori.

ORWELL, George. *1984*. Barcelona: Ediciones Destino, 2000

GLOSARIO

Algunas palabras están en este glosario porque son nuevas, otras porque son poco conocidas o porque las redefinimos o relativizamos por sus tres ángulos, tres significados, tres modos de usar por cada uno de los tres subgrupos. Es como establecer un diccionario triádico, negando que las palabras tengan sentido único o unívoco. Hay en lo mínimo tres lenguajes y tres sentidos para cada palabra porque cada uno de los tres subgrupos está atrincherado en un lado del palco trilateral del juego de la vida, con cerebros que tienen tres modos unilaterales de ver, percibir, dar significado y expresarse. Por eso se insistirá en usar "tri" antes de algunas palabras para significar tri-membración, tri-lateralidad, tri-significación; tri-democracia, tri-grupal, tri-oficialismo, tri-satisfactores, tri-costos, tri-ganancias, etc.

AGENDONOMIA - todas las agendas, ocupaciones prestantes-oferta y usuarias-consumo de los 14 subsistemas. Reemplaza el concepto de "trabajo" de la era industrial, porque es más amplio.

CONCORDATO – En los países anglosajones protestantes, la religión está bajo el poder político del Estado. En los países latinos, la religión católica del estado del Vaticano mantiene tratados de independencia y equiparación con el Estado político nacional, tratado este que se llama "Concordato". Se espera que las teocracias sean substituidas por democracias. Los principales líderes idealizadores del sionismo -Theodor Herzl, Max Nordau, Berdichevski, Martin Buber y otros- propusieron un estado laico (separación entre Estado de

Israel y la religión hebraica).

CUADRO DE REFERENCIA o Referencial - esquema conceptual para ordenar, clasificar y procesar información, hechos etc., como los 14 subsistemas.

DEMOCRACIA DIRECTA – Democracia es el auto-gobierno por los tres poderes máximos -político, económico, sacral y sus tres subgrupos de todos los 4 o más niveles de vivencia- o sea, triarquía (gobierno por los tres subgrupos). Electoralmente, democracia directa quiere decir que los tres subgrupos tetranivelados no van a entregar su poder o elegir a representantes como concejales, diputados y senadores. La tecnología digital posibilita que se hagan votación de leyes, proyectos o decisiones a toda hora y por todos, sin necesidad de delegados o representantes, como ahora.

DINÁMICA DE GRUPO generalista y específica – Es el uso del poder en el juego triádico. Se dice <u>generalista</u> cuando hay liderazgo de un todo como los tres cerebros, las tres culturas o todos los 14 subsistemas de la vida. El tri-oficialismo es o trata de ser siempre poder generalista. Se dice dinámica de grupo o liderazgo <u>específico</u> cuando es liderazgo sobre una parte de un todo, como sobre uno de los tres cerebros, o sobre uno de los 14 subsistemas de la organización social. El poder específico está subordinado al poder generalista (no forma islas de poder autónomo).

ECONOCRACIA – dictadura de la producción y del dinero, debida al exceso de cerebro central. Al régimen del dinero y sus abusos, el poeta estadounidense, Ezra Pound, denominó "usurocracia". Aristóteles le decía "crematística".

ECO-REGIÓN - visión del planeta por esferas (mini, medio, gran, maxi) autocontenidas y autosostenibles por su modo de poner en red prestusuaria proporcional a las 8 dinámicas nombradas.

EFECTUADOR (sinónimo de sistema). Se dice efectuador porque el sistema efectúa la transformación de inputs en outputs, de enseñanza en aprendizaje, de insumos en productos, de inversión en renta, de costos en beneficios etc. a lo largo y ancho del flujo prestusuario.

FLUJO PRESTUSUARIO (prestante+usuario o prestadismo+usuarismo) - nombre dado al proceso, secuencia o torrente de intercambios y co-transformaciones entre sistemas con sus válvulas o puntos de recepción/transmisión de inputs, transformación y outputs. Entre los humanos le dicen proceso económico o cadena de producción y consumo.

"Flujo Prestusuario o Usuprestante" (según la punta desde la cual se 

mire el proceso) representa mejor ese fenómeno y, además, abarca el mismo fenómeno para todo el ecosistema, o los sistemas no humanos con que nos relacionamos en un flujo usuprestante universal.

IMPUESTOS – Contribuciones de los tres subgrupos -crecientes por los cuatro o más niveles- para mantenimiento de la estructura del Poder Arbitrador triuno y sus servicios. Si los impuestos fueran aproximadamente 5 serían: A) sobre renta y patrimonio;

B) IVA; C) juego/loterías; D) deportes; E) transacciones comerciales internacionales. La dificultad con lo de la letra E es que la ONU no puede con el caos de la globalización del poder económico. Véase:

www.icrict.com/icrict-in-thenews/2018/1/3/la-reforma-de-la-tributacin-corporativa-internacional

JUDÍO – Todo nacido de madre judía. Por tradición de cultura endogámica, será educado con estricta fidelidad étnica de tipo tribal.

JUDÍO NO-JUDÍO – Concepto creado por Isaac Deutscher (1907-1967): judío que decide destribalizarse, abandonando la creencia de pueblo elegido o "raza" superior, para sentirse miembro común de la gran familia humana y luchar por toda ella.

MATERGÍA - Dadas ciertas condiciones, la energía tri-una se convierte en materia o sistemas tri-unos y viceversa, según la fórmula de Einstein. De ahí, la contracción de materia+energía en matergía tri-una, un concepto que reemplaza tanto la dicotomía materia-espíritu como el materialismo dialéctico.

MAXIMOCRACIA, neguentropía Compulsión de los sistemas, impuesta por el engranaje de la matergía tri-una, a querer saber, ser y tener siempre más de todo, infinita e insaciablemente, por miedo a perder, bajar, caer al mínimo, a la nada, (entropía, minimocracia). Los tres subgrupos son maximocráticos, pero el que tiene los medios para eso es el tri-oficialismo. Cuanto más unilateral el tri-oficialismo, más salvaje se vuelve la competencia y la desigualdad.

MONÁDICO – Paradigma/modelo de raciocinio y acción que ve y se detiene en una sola cosa, un lado solamente, menospreciando el contexto sistémico que es siempre triádico, desconociendo o minimizando los otros dos lados. El monádico en teoría se vuelve tirano, excluyente en la práctica. Los subgrupos oficialistas son los más feroces defensores del paradigma monádico porque justifica sus privilegios y abusos.

NIVELES DE AGENDONOMIA Y DE VIVENCIA - como no hay igualdad/desigualdad absolutas, y sí diferencias proporcionales, los sistemas se organizan en niveles o jerarquías en formato piramidal (clases, escalafones, organigramas, carreras etc.). Para la división de trabajo, capacitación y autoridad, hablamos de 4 Niveles de Agendonomía. Para la división de tri-satisfactores, de estándares de vida o bienestar logrados, hablamos de 4 niveles tricerebrales de vivencia, amplificando el concepto de clases sociales, basado tan solo en lo económico del cerebro central.

OFICIALISMO – pila de personas, grupos, clases, países con poder de mando sobre los demás, debido al uso predominante del cerebro central y su arsenal: influencia, liderazgo, orden, coordinación, dinero, ley, armamento; cuando el oficialismo es desproporcional se dedica a la intimidación, violencia económica, violencia legal, violencia guerrera etc. A cualquiera de los tres subgrupos hay que cualificarlo como proporcional o desproporcional en diferentes gradaciones.

PRINCIPIO TRI-UNO o **unitriádico** - postulado según el cual "por debajo y en el meollo" de todo hay una fuerza estructurante-unificadora, atractora/motora, que todo lo organiza sobre o alrededor de un chasis de tres lados o ejes. Es una generalización del principio que dice que la energía se mueve como conjunto giratorio de tres partículas, tres fuerzas, sentidos, campos que forman el átomo tri-uno y todo lo demás. Las religiones también se fundamentan intuitivamente sobre un principio tri-uno o unitriádico que son las trinidades.

PDST – **P**roducción y **D**isfrute de **S**atisfactores **T**ri-cerebrales-grupales en cada uno de los catorce subsistemas. Es una alternativa al actual medidor conocido como PNB y su complemento el IDH, que son típicos del paradigma económico-social del imperio judeo-anglo-americano.

PROPORCIONALIDAD, **Proporcionalismo** - es la propuesta de fundamento ético-numérico de vida y de justicia social, basada en matemática de la media y extrema razón que supone, en todo, medidas aproximadas de 38 por 62%. Es el punto de oro, conocido en publicidad como sección áurea o rectángulo áureo. Los principales autores que dan soporte al proporcionalismo son los matemáticos Pitágoras, Fibo-nacci, Carl Gauss y John Nash. La igualación máxima del socialismo es contraria a las leyes de la matergía y, por tanto, imposible. La desigualdad máxima buscada por el neoliberalismo (darwinismo social por la ley del más fuerte) destruye la vida y la armonía. El proporcionalismo expresa la sabiduría de la naturaleza, de la cual somos tan solo una de sus manifestaciones y no sus dueños ("hombre ex-rey de la creación").

PUNTO DE ORO - véase Proporcionalidad. Es la expresión o la medida del equilibrio, de la justicia, de la belleza. Es un atractor existente en la naturaleza, que los subgrupos humanos buscan transgredir, principalmente los oficiales. El Punto de Oro puede ser tomado como el fundamento de una nueva ética incluyente y universal, de convivencia de los diferentes con menor fricción.

RELATIVIZAR - es mirar algo desde un lado, después desde otro, y luego desde un tercero, pues estamos siempre arrinconados en uno de los tres lados de la jaula piramidal que es el mundo. Relativizar es cambiar el ángulo de observación, el eje de significado. Podemos enfocar una flor por el cerebro izquierdo y la clasificamos en su familia con sus elementos distintivos; si relativizamos por el cerebro derecho, la vemos en su belleza y poesía; si relativizamos por el cerebro central, la medimos en su valor económico o medicinal etc. Si miramos un país desde el ángulo oficialista, hay que arreglar la economía, primero; desde el ángulo anti oficialista, hay que democratizar, combatir la corrupción y arreglar la justicia social primero; desde el ángulo oscilante, hay que colaborar, orar y esperar mejores condiciones y regalos de la vida... No se trata de relativismo que es unilateralismo y capricho individual o subgrupal.

RELIGIONIZAR - sacralizar, proclamar que algo es sagrado, que es de la esfera del cerebro derecho, por lo tanto, bajo la jurisdicción de Dios y de sus representantes. Moisés religionizaba casi todo, para conseguir que, por temor a Dios, se lavaran las manos antes de la comida, evitaran la peligrosa (en aquel tiempo) carne de cerdo, y que la mujer parturienta se mantuviera en cuarentena por "impura", así protegiéndose de infecciones, ya que el pueblo no tenía noción y percepción racional de causa y efecto entre contaminación, enfermedad y muerte. Y no había ciencia. Hay un peligroso resurgimiento de corrientes religiosas con el mismo modelo y, además, negacionistas de la ciencia, que se están colando al poder político, renovando viejas teocracias (gobierno por clérigos). Manténg**ase separación de iglesias y Estado.**

SHOW DEL JUEGO PLANETARIO – Representación gráfica, miniaturizada, del planeta y sus muchos niveles, de forma unificada, sistémica, probabilística, moviéndose como un gran juego uni-triádico, del micro al macro. Se dice "show y juego" en sustitución al concepto "lucha" por la sobrevivencia o "lucha" de clases, para significar que se debe tomar la vida más como disfrute que como guerra.

SETU - Sistema Efectuador Triádico Universal. La invención de los más de 1.000 dioses étnicos o regionales que hay es por proyección inconsciente que el cerebro derecho hace de los padres, de los jefes y gobernantes que son limitados y efímeros, en búsqueda de figuras protectoras omnipotentes y de vida eterna, infinita. Frente al innegable hecho de que provenimos de un todo supremo mayor, anterior y posterior a nosotros, se propone la reconceptualización lógica de Sistema Efectuador Triádico Universal para superar

las creaciones étnicas o regionales. Se dijo "reconceptualización lógica" y no negación; pero la sintonía
con SETÚ se dará, como en todas las creencias espirituales, por meditación y mística en estado mental de
ciclaje reducido alfa, theta o delta, que el electroencefalograma registra como existiendo abajo de 10 ciclos
por segundo (de 12 a 24 ciclos por segundo se da el
estado mental beta pensante; por encima de eso, se da
el estado mental gamma de excitación, agresividad y
tumulto).

TRIADIZAR – Descubrir, nombrar los tres lados y sentidos, o las tres fuerzas positivas, opositivas y neutrales
componentes de todo y cualquier sistema (no solo en
el átomo), y ordenar cada lado o fuerza alrededor de
los tres cerebros y de los tres subgrupos y sus niveles.
El "tres o tri" es el gran relacionador y ordenador de la
complejidad que no es lineal: es trenzada y de trenzas
"embobinadas" como en un inmenso moño.

TRICEREBRAR - palabra creada para significar que hay
que usar los tres cerebros o los tres procesos - información, creatividad, acción - siempre integrados y
completos, formando un ciclo que sólo se completa
cuando se cumplen las tres etapas. De lo contrario se
hablará de - uso fragmentario de los tres cerebros.

Show del juego planetario en 16 escenarios, esferas o niveles

ESCENARIOS, niveles, jerarquia	Subgrupo **Antioficial** rivalidad, resistencia	Subgrupo **Oficial** imposición, saqueo	Subgrupo **Oscilante** dominado, impotente
16. ESCATOLOGÍAS	Sacrales-Celestiales	Civiles, materiales	Físico-Metafísicas
15. CULTURAS	Científico-lógica	Darwiniano-monetaria	Ficcional-Icónica
14. CONDUCCIÓN PLANETARIA	Rusia, China e "indignados" globales	G-3: Cartel financiero judeo-anglo-americano	ONU-Vaticano y ONGs mundiales
13. POS-INDUS-TRIALES	Rusia	EE.UU. G-20, G-7(?)	UE, Japón y los demás países industrializados
12. SEMI-INDUS-TRIALIZADOS	China y emer-gentes (OCS)	Países Capataces Brasil, México, Israel	Bloques Regionales en crisis
11. PAÍSES PROLETARIOS	3er Mundo Socialista y países petroleros	3er Mundo Neoliberal	"No Alineados"
10. PAÍSES VECINOS	País Rival	País Dominante	País más Débil
09. COMANDO NACIONAL	Confer. Religiosas Org. ecorregionales	Prestus. Transnac. Cartel Banquero	Gobierno Central
08. PROVINCIAS ESTADOS	Arquidiócesis	Prestus. Nacionales	Gobernadores regionales
07. REGIONES	Diócesis regionales	Prestusuarias regionales	Organismos regionales
06. MUNICIPIOS TRIBUS	Parroquias comunidades	Prestusuarias locales	Gobierno Local municipal
05. Instituciones Prestusuarias	Regeneradoras	Apropiadoras	Reguladoras
04. NÚCLEO Reproductivo	Masculinidad	Feminidad	Prole
03. TRICERE-BRAR	Analítico antioficial	Operativo oficial	Emocional oscilante
02. AMBIENTE	Humanos	Madre Tierra	Demás sistemas
01. MATERGÍA	Neguentropía	Entropía	Proporcionalismo homeoresis